L'INSTRUCTION SECONDAIRE

ET LA

Charte de 1830.

CONTRE-PROJET DE LOI

AVEC

EXPOSÉ DES MOTIFS

ADRESSÉ

A MM. les Membres des Chambres Législatives

PAR P.-E. GASC FILS.

(15 FÉVRIER 1844.)

Paris.

A. APPERT, IMPRIMEUR-ÉDITEUR,
54, passage du Caire.

DENTU, LIBRAIRE,
Palais-Royal, galerie d'Orléans.

1844.

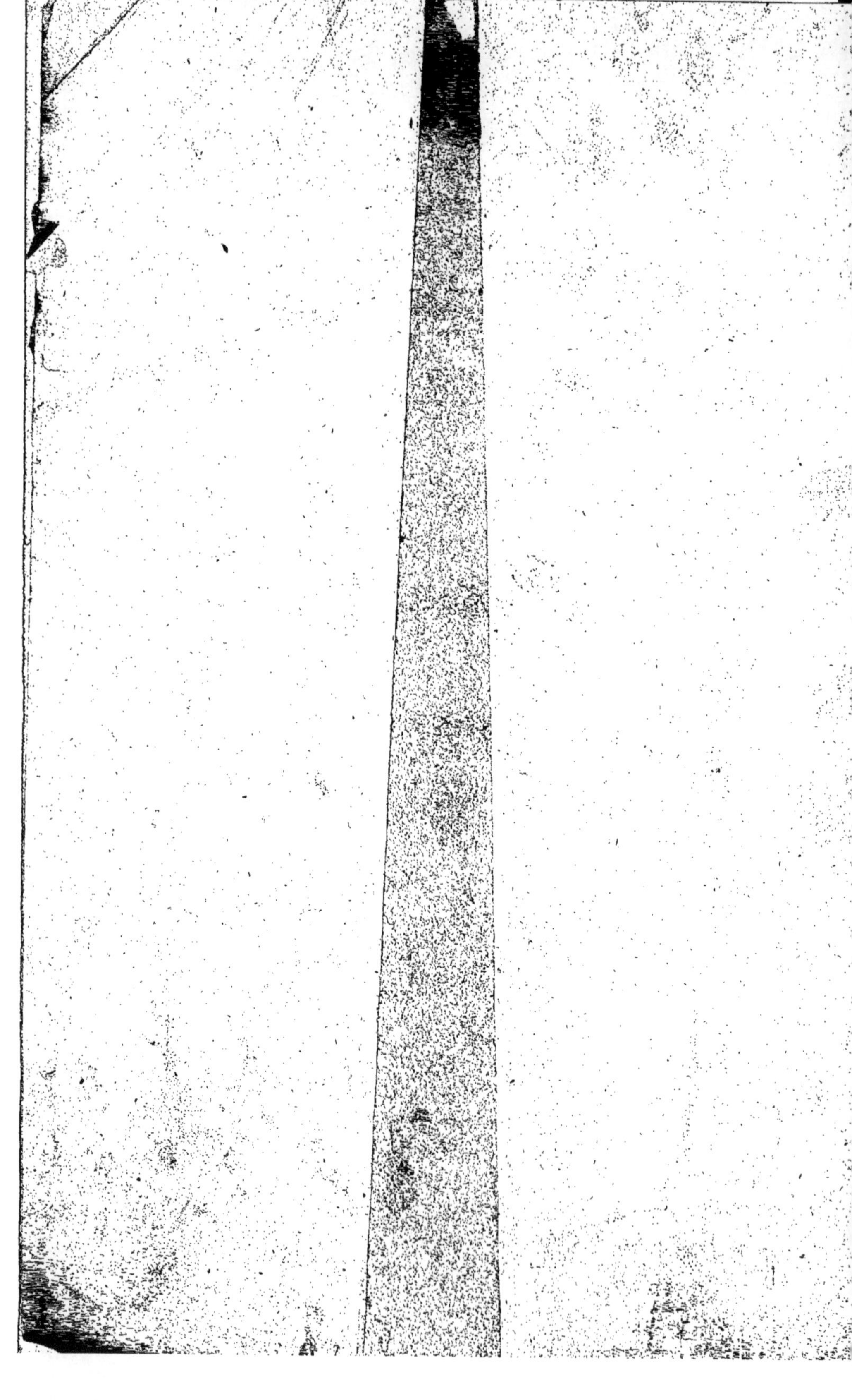

L'INSTRUCTION SECONDAIRE

ET LA

Charte de 1830.

CONTRE-PROJET DE LOI

AVEC

EXPOSÉ DES MOTIFS

ADRESSÉ

A MM. les Membres des Chambres Législatives,

PAR P.-E. GASC FILS.

(15 FÉVRIER 1844.)

Paris.

A. APPERT, IMPRIMEUR-ÉDITEUR,   **DENTU**, LIBRAIRE,
54, passage du Caire.   Palais-Royal, Galerie d'Orléans.

1844.

Paris,

IMPRIMERIE ET LITHOGRAPHIE DE A. APPERT,

Éditeur de la Biographie du Clergé Contemporain,

Passage du Caire, N. 54.

Février 1844.

Depuis plusieurs années des hommes honorables et dévoués au bien de leur pays s'efforcent presque en vain d'attirer l'Instruction et l'Éducation publiques sur la voie du progrès; ils ne trouvent autour d'eux qu'obstacles et difficultés de toute espèce : ils se meuvent dans une sorte de labyrinthe où on les tient enfermés sans espoir de trouver une issue favorable. De nombreuses questions d'intérêt public ont déjà été épuisées par les discussions de la tribune et de la presse : la *Question Universitaire* seule est restée sans solution jusqu'ici et mérite pourtant un examen spécial de la part des pères de famille et des hommes aux mains desquels ont été confiées les destinées morales du pays. Nous avons fait un examen consciencieux de cette question dans un ouvrage spécial encore sous presse ([1]), et qui renferme tous les

[1] *Etudes historiques et critiques sur l'Instruction Secondaire, considérée dans ses rapports avec l'État, l'Université, le Clergé et les Familles.* Paris 1844. A. APPERT, Éditeur, passage du Caire, 54. (Pour paraître dans les premiers jours du mois de mars).

détails relatifs à l'Instruction Secondaire. Cet ouvrage est partagé en trois sections : dans la première section, nous avons étudié la question de l'Instruction et de l'Éducation au point de vue *historique* et *philosophique* ; dans la seconde section, nous l'avons étudiée au point de vue *critique* en examinant, avec le plus grand soin le système créé par l'Empire et conservé jusqu'à nos jours : enfin, dans la troisième section, consacrée à la partie *pratique*, nous avons exposé un plan nouveau qui nous paraît pouvoir remplacer avantageusement le système ancien : c'est cette troisième section que nous avons détachée du corps de l'ouvrage pour en former cet opuscule, destiné à être offert à MM. les Membres des Chambres Législatives à l'occasion du *Projet de Loi* que M. le Ministre de l'Instruction Publique vient de présenter tout récemment à la Chambre des Pairs.

Ce Projet de loi de M. Villemain, qu'on ne peut appeler *nouveau* puisqu'il n'est qu'une *seconde édition* de celui de 1841, présenté par le même Ministre, ne répond nullement à l'esprit et aux besoins de notre époque, non plus qu'aux promesses de la Charte de 1830 ; nous avons peine à comprendre qu'après avoir annoncé pendant trois ans la *préparation* d'un *nouveau* projet de loi, *conforme au vœu de la Charte*, d'un projet destiné à *concilier* enfin le principe de la *Liberté d'Enseignement* avec le *droit de surveillance* de l'Etat, on vienne remettre encore en discussion un vieux projet enseveli dans la poussière de l'oubli et dont l'opinion publique, éclairée par la presse, a depuis longtemps fait bonne justice. Nous ne ferons pas ici l'examen critique de l'ancien projet de M. Villemain, on en trouvera la réfutation complète au paragraphe III du chapitre II de la

première section de notre ouvrage ; cette discussion peut
s'appliquer mot pour mot au projet actuel qui ne diffère
de celui de 1841 qu'en ce qu'il retire certaines *concessions*
faites d'abord pour payer un tribut passager aux exigences
de l'opinion, que l'on croit sans doute plus disposée aujour-
d'hui à s'endormir avec confiance au sein de phrases bril-
lantes et de paroles astucieuses de liberté. Un Projet de
Loi *exclusif* comme celui du 2 février 1844, qui fortifie
le *Monopole Universitaire*, qui présente un raffinement
de despotisme jaloux dans toutes ses dispositions à l'é-
gard des établissements particuliers, un projet où le
Corps Enseignant se réserve une action inquisitoriale dans
tout l'enseignement par suite de cette maxime : *Nul n'aura
de l'esprit hors nous et nos amis*, un tel projet, disons-nous,
ne peut en aucune manière convenir à l'esprit de notre
siècle ; un tel projet, s'il était adopté, *ferait mentir la
Charte*, et ramènerait la France à des jours dont le sombre
crépuscule doit désormais disparaître de notre nouvel
horizon !

Le Projet de Loi que nous proposons est destiné à
ramener dans le chemin de la vérité une question qu'on
s'est plu à en éloigner dans ces derniers temps, comme pour
plonger les esprits dans une complète ignorance du sujet.
Il est basé sur les principes inaltérables de la Charte, fidè-
lement et généreusement interprétés ; il accorde à tous des
droits communs à la condition, très sévère pour tous, de
satisfaire à des exigences communes que l'État est en droit
de réclamer en échange de la liberté qu'il donne, et de la
haute surveillance qu'il exerce en protecteur-né des intérêts de la société. Quant à *l'action* de l'État, nous ne la
croyons utile et possible logiquement que dans le haut

enseignement des Facultés, et aussi dans le contrôle qu'il doit exercer sur la capacité des citoyens qui aspirent aux diverses fonctions publiques ; aussi lui avons-nous conservé la concession des diplômes dans tous les examens, mais en prenant des précautions nécessaires pour offrir aux citoyens de puissantes garanties contre l'arbitraire, la faveur, l'injustice et la haine, abus inséparables du Monopole, et du pouvoir exagéré d'un Corps *privilégié* chargé de décider du sort de ses rivaux. De cette manière, le principe de la Liberté d'Enseignement peut s'appliquer sans danger, et les droits naturels de l'État sont rigoureusement garantis ; tout se réduit dans notre Projet de Loi à cette pensée simple : RESPECT A L'AUTORITÉ DE L'ETAT ; RESPECT ÉGALEMENT A LA LIBERTÉ DES INDIVIDUS ! Hors de ces idées, en harmonie avec l'esprit et le but des promesses de la Charte de 1840, il n'y a que contradictions, violences, combinaisons astucieuses et jalouses, despotisme et inquisition brutale : nous ne pensons pas que cet état soit préférable à celui d'une sage liberté, et nous espérons que la lecture de notre consciencieux travail prouvera que l'adoption de nos vues est le seul moyen d'améliorer réellement l'Education publique en France, en préparant pour l'avenir des générations plus fortes et plus puissantes !

Espérons donc qu'un examen sérieux et approfondi de cette immense question amènera prochainement la réalisation des conditions stipulées en 1830 par le pays dans son pacte fondamental ; espérons qu'après certaines améliorations importantes, après l'organisation de l'Instruction Primaire, le Gouvernement n'ajournera pas davantage une œuvre des plus morales et des plus utiles, l'abolition du monstrueux monopole de l'Université, et l'organisation définitive de l'Instruction Secondaire, par la Liberté d'Enseignement, franchement acceptée et franchement pratiquée. Alors seront établies les bases de notre constitution politique et sociale, puisque les trois grandes Libertés des *Cultes*, de la *Presse* et de l'*Enseignement*, inscrits dans la Charte, seront enfin passées dans nos mœurs, et pourront marcher parallèlement à l'ombre de lois sages et prudentes destinées à en prévenir les abus : alors seulement la Charte deviendra *une vérité*, puisque ses promesses auront enfin reçu une noble et éclatante réalisation !

CHAPITRE PREMIER.

EXPOSÉ DES MOTIFS.

—

Messieurs les Pairs, Messieurs les Députés,

Les besoins de l'époque actuelle et la direction des esprits exigent incontestablement que l'Instruction Moyenne ou Secondaire ne se borne plus désormais à des cours d'*humanités*. A côté de l'enseignement presque exclusivement littéraire donné jusqu'ici par l'Université, il faut un enseignement scientifique et pratique devenu indispensable pour tous ceux qui ne se destinent ni au Droit, ni à la Médecine, ni aux travaux philologiques, mais qui veulent se livrer à la carrière des arts du commerce et de l'industrie. Or, pour cette grande quantité de jeunes gens, les *études classiques* qu'on leur fait faire dans les Collèges, sont au moins inutiles sinon nuisibles ; elles ne peuvent en rien les préparer à atteindre le but qu'ils se proposent, et elles contribuent souvent même à en détourner ceux qui, trop facilement éblouis par un vernis mensonger, sacrifient un avenir intéressant à des rêves brillants dont le vide et la réalité ne leur apparaissent malheureusement que trop tard, lorsque le mal est devenu sans remède !

Non, Messieurs, il ne s'agit plus, comme cela a existé jusqu'à nos jours, de ne faire que des jurisconsultes, des hommes de lettres et des médecins; il nous faut aujourd'hui des artistes, des manufacturiers, des négociants, des agriculteurs *instruits*; il ne s'agit plus de couler d'un seul jet les générations modernes dans un moule uniforme et antique où *l'enseignement littéraire* exerce une action exclusive; il faut que l'Instruction Secondaire se distribue sur une vaste échelle dont tous les dégrés puissent correspondre aux professions, aux carrières et aux diverses destinées sociales; en un mot il faut que l'Enseignement Secondaire soit *encyclopédique* et très varié, afin de se trouver en harmonie avec l'état actuel de notre société et qu'il puisse suffire à la variété de ses éléments. C'est ce que ne fait pas le système Universitaire qui entraîne un grand nombre de graves inconvénients sur lesquels nous n'insisterons pas ici, renvoyant pour cela à un ouvrage spécial que nous publions en ce moment sur cet important objet [1] et dont notre Projet de Loi forme un chapitre particulier.

Un membre distingué de la Chambre des Députés et de l'Université [2] a formulé cette même accusation

[1] *Études historiques et critiques sur l'Instruction Secondaire considérée dans ses rapports avec l'État, l'Université, le Clergé et les Familles.*

[2] M. Saint-Marc-Girardin.

en termes que nous croyons nécessaire de rappeler
ici :

« Le défaut de notre système actuel, dit-il, c'est
qu'il est trop spécial, *trop exclusif :* il est bon pour
faire des savants, des hommes de lettres et des professeurs qui ne soient pas théologiens ; *c'est ce qu'il
fallait au quinzième et au seizième siècle......* Depuis
la Révolution française, une société nouvelle est née,
une société commerciale et industrielle : cette société
demande une éducation appropriée à son esprit. »

Veut-on savoir comment l'Université répond à tous
ces besoins nouveaux du dix-neuvième siècle ? Écou-
tons encore le savant membre du *Conseil Royal :*

« Qu'arrive-t-il ordinairement dans les collèges ?
beaucoup de bons bourgeois y mettent leurs enfants ;
ils y apprennent à lire et à écrire. A peine savent-ils
cela, on les met au latin et au grec ; cela dure trois
ou quatre ans. L'enfant a fini *sa quatrième,* c'est-à-
dire *qu'il ne sait pas compter,* ne connaît l'histoire
ancienne que par le *Selectæ è profanis ;* quant à l'histoire moderne, *rien ;* l'histoire de France, *rien ;* les
sciences naturelles, *rien ;* les langues modernes,
rien ; il a quatorze ans (et bien souvent presque
seize !) Le père alors reprend son fils et lui met une
aune entre les mains. Voilà une éducation ! c'est-à-
dire qu'il a appris pendant sa jeunesse *ce qui ne doit
jamais lui servir,* et qu'il n'a rien appris *de ce qui peut
lui être utile !*

« L'éducation classique, toute littéraire comme

elle est, est bonne pour quelques-uns ; elle est *détestable* quand elle est donnée à tous ! »

Que pourrions-nous dire de plus fort contre l'absurdité du système Universitaire ? Que pourrions-nous articuler de plus concluant pour démontrer l'urgence d'une réforme si ardemment désirée depuis plus de treize ans ?

Il est donc de toute nécessité de modifier l'état de choses actuel qui ne peut dorénavant être conservé ; la difficulté réside dans la marche qui doit être adoptée pour résoudre ce vaste problême dont la France attend avec anxiété la solution définitive.

L'embarras des législateurs consiste dans la détermination d'une alliance convenable et judicieuse entre ce que l'on doit à la Liberté d'Enseignement et ce que l'on doit au Gouvernement, comme garant de l'ordre public et protecteur-né des intérêts sacrés de la société. Qu'il nous soit permis, Messieurs, de vous exposer ici des idées et des vues que nous croyons utiles et dignes de quelque attention de votre part, parce qu'elles sont nées au sein d'une pratique continuelle qui nous donne quelque droit de traiter la question qui vient de vous être soumise.

Si nous étions chargé de résoudre la question de la réforme de l'Instruction Publique, d'organiser le nouveau plan qui doit remplacer l'ancien et d'en combiner toutes les dispositions, voici comment nous entendrions procéder à la solution de ce grand problême.

Nous demandons, avec les hommes éclairés du pays, que l'Université n'ait plus l'exploitation *exclusive* de l'Instruction Publique; qu'au régime *discrétionnaire* d'où cette corporation est sortie, succède enfin un régime *légal* de sage liberté et de noble concurrence. Le principe que l'Empire a pris pour base de son système d'Instruction Secondaire, était que cette dernière *appartînt exclusivement à l'État* : La Révolution de Juillet et la nouvelle Charte ont détruit et renversé ce principe despotique et ont remplacé le *monopole* par le principe sacré de la *Liberté d'Enseignement* qu'il est temps enfin de mettre en pratique. Mais, Messieurs, en donnant la liberté, la société, ou l'État qui la représente, ne doit pas négliger ni abandonner ses propres garanties, qui sont celles des familles : il doit même les exiger d'autant plus fortes qu'il abandonne tout pouvoir discrétionnaire. Nous pensons que l'État doit s'armer de moyens énergiques de répression contre les abus, afin de détruire cette rouille corrosive qui ne cesse de ronger si cruellement les membres du corps social ! La faculté d'élever et d'instruire la jeunesse ne saurait être laissée *à tous indistinctement*, car c'est un ministère sacré : ceux-là seuls qui s'en montrent capables et dignes doivent l'exercer.

La première chose à faire est de modifier le pouvoir centralisant que s'est arrogé l'Université qui, en agissant *selon son bon plaisir* viole sans cesse toutes les règles de la justice et paralyse souvent le bien dès sa naissance. Cette Université, unique pour tout le royaume, doit être remplacée par plusieurs *Univer-sités libres et indépendantes, les unes des autres*, situées dans les principales villes et placées çà et là dans le pays pour servir de centres et de foyers de lumières, comme il en existait autrefois en France, comme Louis XVIII, lui-même, les avait rétablies par son ordonnance de 1815, et comme il en existe encore aujourd'hui en Belgique, en Allemagne et en Angleterre. Dans ces pays voisins, toute l'Instruction est répandue par des *associations libres de citoyens* sans qu'il soit question d'un Corps enseignant officiel, ni d'un Conseil Royal de l'Instruction Publique; en Angleterre même, on ne sait pas ce que c'est qu'un Ministre de l'Instruction Publique!

Chacune de ces Universités s'administrerait comme elle l'entendrait. De cette manière, l'Instruction se propagerait par une concurrence vraiment libre, et la société ne pourrait qu'y gagner, puisqu'alors tous les genres d'instruction seraient donnés suivant les besoins et les goûts des familles et des localités. La lutte intellectuelle établie naturellement entre toutes les *Universités* de France produirait au bout d'un demi-siècle des résultats immenses : chaque grand foyer chercherait à éblouir par l'éclat de ses rayons, et cette rivalité remplacerait avantageusement le Concours Général, si fertile en abus souvent scandaleux, et si mal nommé d'ailleurs, puisque les Collèges de Paris seulement, sont appelés à rivaliser chaque année à l'exclusion de tous les autres établissements du Royaume.

Ainsi, il y aurait dans les principaux départements, dans tous même peut-être, des *Universités* ou des *Écoles secondaires*, laïques et ecclésiastiques, soit à la charge des villes, soit à celle des particuliers et portant indifféremment le nom de Collèges, d'Institutions, etc., peu importe. Autour de ces grands établissements il y en aurait une foule d'autres, groupés comme des satellites autour d'un astre et réunissant toutes les parties d'un enseignement secondaire complet, ou n'en donnant qu'une portion, mais étant tous *également indépendants ;* toutefois chacun de ces établissements resterait libre de faire suivre à ses élèves les cours de l'Université qu'il lui conviendrait de fréquenter.

Nous parlerons plus loin des garanties intellectuelles et morales qui devront être exigées de la part de ceux qui pourraient aspirer à diriger des établissements d'Instruction Secondaire ; auparavant disons un mot du rôle qui sera réservé à l'État au milieu de ces divers établissements échappant désormais à l'influence d'un monopole désastreux. Le rôle de l'État sera en rapport avec sa mission toute protectrice, qui consiste *à veiller, à préserver, à encourager* ou *à blâmer* et *à punir* même, selon les circonstances, bien plutôt qu'elle ne consiste *à diriger* et surtout *à entraver.* Qu'on se rappelle, à l'appui de notre opinion, cette pensée de Benjamin-Constant : « J'espère beaucoup plus, disait-il, pour le perfectionnement de l'espèce humaine, *des établissements particuliers d'Éducation bien dirigés,* que de l'Instruction publique *la mieux organisée par l'État!* » Et cette autre pensée de M. le vicomte de Chateaubriand : « *Au-delà du droit de surveillance,* L'ACTION DU GOUVERNEMENT FÉRAIT MOINS DE BIEN QUE DE MAL! »

Messieurs, pour être conséquent avec la position de *neutralité* que la Constitution a faite à l'État au point de vue religieux, ce dernier doit évidemment conserver cette neutralité dans son action sur l'Éducation de la jeunesse et *ne pas enseigner par lui-même,* autrement les lois de la logique seraient violées : L'État ne doit pas enseigner : il doit se réserver une active surveillance sur tous les établissements afin de veiller à ce que l'exercice de la liberté d'enseignement ne puisse jamais dégénérer en licence, et afin de conserver intacts l'esprit et les mœurs nationales. Toutefois l'État conserve son action directe dans l'Enseignement supérieur des Facultés et des Écoles Nationales, enseignement qui s'adresse en général à des hommes faits et non à l'enfance. Les diverses *modifications* devenues nécessaires aussi dans la répartition de ce haut enseignement seront réglées spécialement.

Non, Messieurs, la concurrence ne peut pas être *triple* entre l'État, l'Église et les particuliers, comme l'a dit un de vos illustres collègues; l'équilibre ne saurait jamais exister entre trois forces semblables à moins que l'État, se plaçant entre les deux autres, comme *point d'appui,* se bornât à tenir lui-même la balance et à établir avec soin les conditions d'équilibre de la

DOUBLE concurrence entre les diverses Universités ou établissements *laïques* et *ecclésiastiques* du pays. Tout en restant *neutre*, seul rôle vraiment logique que l'État puisse prendre désormais, il se réservera un *contrôle légal* de surveillance qui doit produire un effet des plus salutaires en servant de frein aux abus. Pour exercer ce contrôle, il y aura des *Inspecteurs Généraux de l'Instruction publique*, qui visiteront eux-mêmes, au nom de l'État (et non plus pour un Corps rival, orgueilleusement et faussement assimilé à l'État), tous les établissements d'Instruction Secondaire. Ces *Inspecteurs Généraux*, qui n'auront plus pour mission *de maintenir l'uniformité de l'enseignement*, devront porter des encouragements partout où ils rencontreront le bien, et le blâme partout où ils verront du mal. Ils chercheront, en un mot, par tous les moyens convenables à exciter ou à entretenir une louable et utile rivalité entre les diverses Universités ou autres établissements de France. Un des moyens les plus efficaces serait d'exiger que les *Inspecteurs Généraux* publiassent leurs rapports après les inspections et à leur retour, comme mon père l'a déjà proposé dans son dernier ouvrage[1]. Tout droit appelle une surveillance, et comme l'a dit un orateur célèbre, « le premier devoir de la liberté est la publicité! » L'intérieur

---

[1] *Le Livre des pères de famille et des instituteurs*, ou *de l'Éducation publique au XIXe siècle*, par J.-P. Gasc.

2

des établissements d'Instruction Secondaire ne saurait donc être inaccessible, sans dangers, à l'autorité
de l'Etat. L'Etat pourra les faire visiter à certaines
époques de l'année par les *Inspecteurs Généraux*, ce
qui ne pourra compromettre en rien l'existence de ces
établissements, puisque d'après le Projet de Loi, les
tribunaux seuls pourront décider sur les accusations
portées contre eux.

Une bonne loi, une loi vraiment et franchement
progressive, doit exiger que les fonctions de *Ministre
de l'Instruction publique* ou de *Grand-maître* n'aient
aucun caractère politique. En effet, le Ministre étant
nécessairement mêlé à toutes les discussions comme
membre du CABINET, est soumis, avec lui, à toutes les
vicissitudes parlementaires, devenues d'une mobilité
effrayante depuis 1830. Souvent même, appelé par
position à défendre l'existence du Cabinet, le *Grand-
Maître* est obligé de négliger ce qui a rapport à l'instruction et à l'éducation de la jeunesse, et alors la
haute mission qui lui a été confiée par le pays se
trouve sacrifiée au salut d'un portefeuille; et puis,
une idée de progrès et d'amélioration peut-elle ger-
mer au milieu des vapeurs de la politique dans le cer-
veau d'un Ministre uniquement préoccupé de travaux
et de débats étrangers à la sphère dans laquelle il
devrait toujours rester circonscrit? Cette instabilité
du Ministre est un obstacle réel et permanent à une
direction consciencieuse de l'éducation publique. Les
choses nous semblent destinées à aller beaucoup mieux

en remplaçant le Ministre politique par un *Directeur-Général de l'Instruction publique* en France, chargé de fonctions et d'attributions réglées par les Chambres et ressortant du Ministère de l'Intérieur.

Il faut en convenir, Messieurs, il y dans le Chef même de l'Université, tel que les Décrets Impériaux l'ont créé, un vice organique qui a dû contribuer puissamment à empêcher tout progrès de pénétrer dans cette partie de l'administration générale, la seule qui soit restée tout-à-fait immuable au milieu des changements et améliorations apportées dans les diverses institutions du pays par le temps et les révolutions ! Ce Chef, ce *Directeur Général de l'Instruction Publique,* ne serait plus, le Chef d'une seule Université compacte, le protecteur-né d'un monopole odieux et abrutissant, contraire en tous points à l'esprit de notre siècle ; noble organe de la loi, il planerait comme un génie tutélaire sur l'ensemble de l'enseignement, il encouragerait et récompenserait, au nom de l'État, dont il serait le *représentant légal.*

Un Conseil privé purement *consultatif* et *honorifique,* ne pouvant prendre aucune part aux affaires administratives, pourra être placé auprès de ce *Directeur-Général* pour les cas où des connaissances de détail viendraient à lui manquer, comme cela arrive naturellement à l'homme le plus instruit ! Ce ne serait plus ce *Conseil Royal de l'Instruction Publique* si coûteux, qui s'est arrogé peu à peu un pouvoir discrétionnaire, odieux, qui s'est constitué en un véritable *Tribunal exceptionnel,* en une sorte de *Cour prévôtale* qui juge toutes les questions disciplinaires, pénales, administratives et financières. Devant cette sorte de *Conseil des Dix* de l'Instruction Publique, un Ministre animé de vues progressives et utiles resterait aujourd'hui impuissant : nous avons eu la preuve de ce fait dans les dernières années qui viennent de s'écouler. D'où vient donc d'ailleurs le besoin de ce privilège onéreux d'un *Conseil Royal* pour le département de l'Instruction Publique ? Issu de l'arbitraire et du despotisme de l'Empire, ce Conseil est une de ces institutions bâtardes, inutiles sinon dangereuses, qu'une bonne loi, une loi sage, doit commencer par abolir à tout jamais.

On n'appellera à faire partie de ce *Conseil Privé* du *Directeur Général* que des hommes distingués par leurs talents et leur science : on n'y sera admis que par voie *d'élection* sur la proposition du *Directeur-Général*. Dans le cas où les Chambres jugeraient convenable d'affecter un traitement à ce genre de fonctions, que nous préférerions relever par un titre purement *honorifique*, il nous semblerait convenable et décent que le traitement ne fût pas supérieur à celui des Membres de l'Institut.

Le *Droit* ou *Rétribution Universitaire* étant détruit par le seul fait du libre exercice et de la suppression de tout monopole, aucun impôt particulier ne pourra être affecté aux établissements d'Instruction Secondaire ; tout privilège, à cet égard, cessera donc aussi immédiatement. Il y aura encore lieu de conserver un *Budget de l'Instruction Publique* pour les récompenses nationales relatives aux découvertes scientifiques et artistiques , aux services éminents , pour les frais du haut enseignement , ainsi que pour ceux de l'Institut et des traitements divers des fonctionnaires et employés de l'Etat , pour l'Instruction Publique.

Telles sont, Messieurs, les principales considérations sur la base des réformes à introduire dans le système public d'éducation ; elles font l'objet des quatorze premiers articles du Projet de Loi que nous avons l'honneur de soumettre à votre examen.

Nous allons maintenant parler des garanties de capacité et de moralité qui devront être exigées de ceux qui aspireront à diriger des établissements d'Instruction Secondaire. Deux conditions importantes doivent leur être imposées : 1° la preuve *légale* qu'ils ont un savoir suffisant ; 2° une preuve officielle que leur conduite et leurs mœurs répondent à la mission de confiance à laquelle ils prétendent.

La première condition sera remplie par l'obtention des diplômes du double *baccalauréat* (ès-lettres et ès-sciences), les examens étant modifiés comme il est dit au titre III du Projet de Loi, et les diplômes ayant acquis par suite de ces importantes modifications une valeur qu'ils n'ont jamais eue jusqu'ici. Il nous paraît inutile , comme on l'a proposé , de faire recommencer de nouveaux examens pour obtenir des *Brevets de Capacité*, car, avec les deux diplômes exigés et surtout avec *une sévérité convenable* dans leur concession, les garanties d'instruction chez les candidats seront nécessairement suffisantes. Chaque Université particulière, sera intéressée à ce que ses candidats soient instruits et distingués; le succès dans les examens sera pour elles, comme pour tous les établissements d'Instruction Secondaire, une question des plus importantes puisqu'elle touchera à leur réputation et à leur gloire.

On satisfera à la seconde condition en exigeant des aspirants au titre d'Instituteur Secondaire, un *Certificat* délivré par le Chef d'un établissement connu, déclarant que le candidat a été employé *pendant trois ans au moins* dans l'établissement qu'il dirige, et qu'il s'est acquitté avec zèle, conscience, capacité et *une parfaite moralité* de toutes ses fonctions. Ce certificat devra être approuvé et visé par le Maire de la commune ou de chacune des communes où le candidat aura résidé alors et depuis. La moralité ne pouvant s'établir que par les antécédents, une telle attestation de la part d'un Chef d'établissement connu et compétent, présentera une garantie bien plus solide que la pure formalité du *Certificat de moralité* dont parlaient, les projets de MM. Guizot et Villemain, certificats délivrés sur l'attestation de trois Conseillers-Municipaux dont la *compétence* est souvent nulle *en matière d'éducation* et qui peuvent d'ailleurs ne pas connaître le candidat sous les rapports voulus. Cette sorte de *noviciat*, cet apprentissage pédagogique, pendant *trois ans*, sous la direction et les conseils d'un chef éprouvé, pour une profession aussi difficile que celle d'Instituteur Secondaire, est indispensable aujourd'hui. Pour toutes les carrières en général on subit une préparation plus ou moins longue, les aspirants au notariat, etc. vont passer plusieurs années dans les études de notaires, d'avoués, etc. : pourquoi donc la carrière de l'Instruction publique, la plus importante de toutes, est-elle la seule où le premier venu puisse établir, comme par caprice, une Maison d'Education sans avoir acquis préalablement la moindre notion de l'art si délicat d'élever les enfants ?... La mesure que nous proposons nous paraît devoir détruire cet abus fâcheux.

Messieurs, il est une autre garantie que la loi doit exiger de ceux qui aspirent à fonder des établissements d'Instruction Secondaire, nous voulons parler de l'âge fixé jusqu'ici à *vingt-cinq ans* et que nous proposons de reculer à *trente ans*. S'il s'agissait seulement du droit d'enseigner telle ou telle science nous ne verrions aucun inconvénient à conserver cet âge, car on peut être un excellent professeur à vingt-cinq ans et même quelquefois plus tôt, mais ici le cas est beaucoup plus grave : il s'agit de devenir Chef d'établissement, c'est-à-dire d'avoir sous sa direction, non seulement des enfants, mais encore des hommes chargés de les instruire aussi ; il faut donc que le chef puisse exercer un certain ascendant sur ses collaborateurs, qu'il puisse se bien pénétrer de toute la responsabilité qui pèse sur lui, ainsi que de l'esprit moral de ses importantes fonctions. Or, à trente ans, l'homme a plus de maturité; son instruction s'est complétée et consolidée, et la pratique de la vie lui a déjà donné une certaine expérience des hommes et des choses, expérience qu'il ne pouvait acquérir plus tôt. Combien voit-on de Proviseurs ou de Chefs-d'Institution de vingt-cinq ans? Il est très rare même d'en rencontrer ayant moins de trente ans : S'il y en a , ce sont des exceptions, annonçant une capacité et une maturité précoce, que la loi ne peut pas et ne doit pas considérer comme pouvant servir de règle générale.

En France, la *majorité politique* ne commence qu'à trente ans : on ne peut être *Juré*, *Député*, etc. avant cet âge; les fonctions de *Chef d'Institution* sont-elles donc moins importantes que ces dernières?... L'éducation n'est-elle pas tout l'homme et par suite tout l'avenir de la société?... Croit-on donc qu'il faille moins de vertu, de maturité et d'expérience pour élever et former des hommes, des citoyens, que pour les juger ou décider de leurs intérêts? Quels sont les droits politiques dont on jouit en France, à vingt-cinq ans? Ce sont ceux d'*Electeur*; or ce dernier n'exerce pas par lui-même, il ne peut que déléguer celui qui devra exercer en son nom : Mais le Chef d'Institution exerce par lui-même un pouvoir plein de responsabilité; il se trouve dans une condition sociale des plus graves : c'est donc évidemment l'âge de trente ans, l'âge de la *majorité politique,* que la loi doit lui exiger.

Nous ne pensons pas qu'il soit *nécessaire* que la loi veuille que tout Chef d'établissement d'Instruction secondaire soit *marié* et *père de famille,* quoique cette condition fût infiniment préférable au *célibat,* car qui peut mieux qu'un père comprendre tout ce que l'enfance et la jeunesse exigent de soins assidus de tous genres? qui peut mieux que celui qui a lui-même des enfants savoir élever convenablement les enfants des autres? La position de l'homme marié n'a-t-elle pas d'ailleurs un caractère de gravité et n'offre-t-elle pas à la société des garanties que l'homme libre et indépendant ne saurait jamais produire?...

Messieurs, nous voulons certainement la liberté et nous avons horreur de l'arbitraire; mais, avant tout, nous voulons l'ordre et la conservation de la société, car nous avons aussi horreur des abus et des excès toujours dangereux. Il nous paraît donc utile encore d'exiger de la part de chaque Université ou établissement quelconque d'Instruction Secondaire, la présentation au *Directeur général de l'Instruction publique* des plans, statuts, réglements, etc. desdits établissements; l'effet de cette communication est de mettre à même d'empêcher, s'il y a lieu, que le cœur et la santé des enfants puissent se trouver compromis par des principes vicieux ou par un local insalubre.

Il est encore une dernière garantie donnée à l'ordre

public et qui ne nous paraît pas devoir être négligée : c'est que tout Chef d'Etablissement d'Instruction Secondaire, avant d'entrer en fonctions, soit tenu de prêter *serment de fidélité à la Charte et au Chef de l'Etat, entre les mains du Préfet ou du Sous-Préfet*.

Tout Français, laïque ou ecclésiastique, qui aura pleinement satisfait à toutes les conditions ci-dessus énumérées et renfermées dans les articles 17, 18 et 19 du titre II du Projet de Loi, pourra fonder un établissement d'Instruction Secondaire entièrement libre et indépendant de tout autre établissement quelconque.

La loi ne conservera plus aucune distinction entre les Chefs d'Institution et les Maîtres de pension, distinction inutile, que l'Université maintenait à cause des droits de diplômes qu'elle percevait et qui variaient selon le titre qu'elle accordait. Tous les directeurs d'établissements d'Instruction Secondaire porteront dorénavant le titre d'*Instituteurs Secondaires* ou de *Chefs d'Institution ;* ils paieront tous *à l'État* un droit annuel de 100 fr. qui sera porté au rôle des Contributions Directes (articles 20 et 22, Titre II).

Il est encore un point important que la loi ne doit point taire, c'est que le droit acquis au Chef d'Institution par l'accomplissement des conditions exigées par la loi, ne puisse se perdre que par l'infraction de ces mêmes conditions, ce qui devra être constaté par un jugement du tribunal compétent, comme tout autre abus de liberté civile (art. 23).

La loi doit aussi nécessairement avoir sa partie pénale où seront énumérées toutes les infractions répréhensibles, tous les délits qui pourraient faire encourir quelques peines à leurs auteurs. Elle déterminera l'espèce de peine qui sera appliquée à chaque espèce de délit. Elle devra être rigoureuse à cet égard, car ce n'est que par des mesures de répression forte et par une grande sévérité accompagnée *d'une grande justice,* que la liberté peut se conserver sans dégénérer et prendre solidement racine. Ces mesures disciplinaires sont l'objet des art. 24, 25, 26 et 27, Titre II.

Nous n'avons pas besoin de dire que tous les Chefs d'Etablissement d'Instruction Secondaire qui, à l'époque de la promulgation de la présente loi, se trouveront en exercice en vertu de diplômes et titres antérieurs, seront considérés comme ayant satisfait à toutes les nouvelles conditions exigées pour l'avenir (art. 28). Seulement le *Droit annuel* qu'ils paient actuellement sera immédiatement après réglé suivant les dispositions de l'art. 20.

Quant à l'Université actuelle, nous devons adopter à son égard une transition qui empêche que de graves intérêts ne soient lésés. Ainsi la marche de ses études classiques, au gré des familles, pourra être conservée provisoirement : toutefois *trois ans* au plus tard après la promulgation de la présente loi, les Collèges Royaux et Communaux cesseront d'exister comme *établissements de l'Etat* et pourront être transformés en *Universités* libres ou autres établissements quelconques d'Instruction Secondaire dirigés par des associations de citoyens ou par des particuliers en se conformant d'ailleurs à toutes les dispositions de cette loi. Mais, à dater de la promulgation de la loi nouvelle, tout droit ou impôt *Universitaire* sera aboli (art. 14).

Après les nombreux inconvénients, les dangers même, et les abus scandaleux que le système des *Bourses* a produits, il nous a paru sage et prudent, d'accord en cela avec des hommes éminents, d'en proposer la suppression immédiate tout en laissant à chaque Université ou Établissement d'Instruction Secondaire quelconque la liberté d'en accorder, quand ils le jugeront convenable. Par ce moyen le *Trésor Public* ne sera plus comme une mine inépuisable destinée à les répandre à profusion, la plupart du temps à ceux qui en ont le moins besoin [1] (art. 14).

Quant à l'École Normale elle ne peut non plus être conservée, cette création étant incompatible avec la Liberté d'Enseignement; en effet: les Universités libres de France ayant le plus grand intérêt à posséder un enseignement solide, s'adresseront naturellement à des hommes de mérite et *choisiront* des professeurs que personne n'aura plus le droit de leur *imposer*; elles

---

[1] Voir pour les détails sur ce point le Paragraphe II du Chapitre III de la Deuxième Section de notre ouvrage déjà cité.

chercheront les plus distingués, ceux dont les titres constateront un haut degré d'instruction et de talent; les élèves de l'*École Normale* pourront trouver ainsi à s'occuper plus aisément que dans l'État de choses actuel, et leur position deviendra certainement plus lucrative et moins dure. Il nous a paru convenable d'accorder également *trois ans* après la promulgation de la présente loi, pour terminer l'instruction des élèves faisant actuellement partie de cette Ecole : toutefois à partir de cette année 1844, l'Ecole Normale ne pourra plus recevoir de nouveaux élèves.

L'engagement imposé aux élèves de l'Ecole Normale de se vouer *exclusivement* au service de l'Université pendant *dix ans* est naturellement annulé à partir de cette année ; malgré cela, il nous a paru sage de laisser tous ces jeunes gens *exempts du service militaire* et de les mettre à même, avec leur titre d'*Élèves de l'École Normale*, de jouir du droit de fonder un établissement quelconque d'Instruction Secondaire partout où bon leur semblera (art. 14).

Telles sont, Messieurs, les conditions nouvelles que nous paraît nécessiter la promulgation de la Liberté d'Enseignement. Avec elles nous avons la conviction que la société sera suffisamment garantie contre la licence, voisine de toute liberté, et que l'abus, rendu beaucoup plus difficile, sinon impossible, ne viendra pas compromettre l'usage de la plus précieuse de toutes les libertés.

Il reste encore un point important à régler, c'est

la *nature* et la *forme* des examens qui devront déter-
miner le degré de *capacité* des candidats au titre de
Chef d'Institution. Or, comme nous l'avons dit,
l'épreuve fondamentale sera celle du double Baccalauréat (ès-lettres et ès-sciences). Mais ces diplômes
ne devront plus être concédés comme par le passé :
ici le besoin d'une réforme radicale se fait vivement
sentir dans l'organisation des examens.

A partir du 1er Janvier 1845, seront supprimées
toutes les *Commissions d'Examens* pour le Baccalauréat ainsi que pour les autres grades dans les sciences
et dans les lettres.

Les Élèves de toutes les Universités et de tous les
établissements, Ecclésiastiques ou Laïques, devront
subir, *aux mêmes conditions,* les examens pour les
lettres et les sciences, modifiés d'après le plan que
nous avons exposé à la fin du titre III de notre Projet.
Ces examens auront lieu devant un *Jury Central*
dont nous allons donner en quelques mots la constitution [1].

Ce JURY CENTRAL D'EXAMEN sera composé de *neuf
membres* tirés de l'INSTITUT, et chargé, comme pour
les examens des aspirants aux Écoles Nationales, de
parcourir les départements *une fois par an* afin d'examiner les candidats aux grades de *Bachelier* ès-lettres
ou ès-sciences, ainsi qu'à la *Licence* et au *Doctorat*.

[1] La plupart de ces détails se trouvent dans le Chapitre V de la
2me Section de notre ouvrage.

Les Membres de ce *Jury Central* auront *un traitement fixe* et sans aucun bénéfice quelconque dans le plus ou moins grand nombre d'élèves examinés ou admis (art. 30, 31, 32 et 33 du Projet). Ainsi, les *Droits d'Examen* étant abolis, les examinateurs ne seront plus, comme par le passé, *placés entre leur devoir et leur intérêt,* c'est-à-dire dans la plus fausse des positions : l'injustice ou l'erreur ne présideront plus au don des Diplômes. Cette marche n'a rien d'impraticable, et nous semble devoir être adoptée promptement, si l'on veut enfin que les diplômes (de Bachelier surtout) jouissent-réellement d'une faveur et d'une considération méritées : autrement ils resteront ce qu'ils sont aujourd'hui, un piège et une amère dérision !

Messieurs, le plan nouveau que nous avons l'honneur de vous présenter ne doit augmenter en aucune manière les dépenses ; malgré l'abolition du *Droit d'Examen,* malgré la destruction d'un droit immoral, le *Droit Universitaire,* et malgré une sage réduction dans les Droits de Diplôme (art. 3, 40 et 41 du Projet), il sera très facile de couvrir entièrement les frais de tournées des Examinateurs Généraux et de leur offrir un traitement convenable en rapport avec leurs talents et leur position élevée dans la science. Qu'il nous soit permis de développer un peu notre idée au moyen de calculs simples et évidents : Soit 6000 francs pour chaque examinateur ; la dépense s'élevera chaque année à 54,000 francs pour les neuf.

Or, d'après le Rapport du Ministre de l'Instruction publique, on peut établir à 3000 le nombre annuel des Bacheliers (pour les *lettres* seulement) : en exigeant 30 fr. par Diplôme, l'ETAT percevra donc chaque année une somme de 90,000 fr. qui, complétée par les droits proportionnels établis (art. 44) pour chaque Diplôme relatif aux divers grades dans les Sciences et les Lettres, pourra facilement atteindre et même dépasser la somme de 150,000 fr. plus que suffisante, comme on le voit, pour couvrir les dépenses nécessaires à la nouvelle organisation. L'excédant pourra être employé à payer les frais de bureau, de papier, d'impression et de timbre des divers Diplômes délivrés aux candidats admis. Ainsi, Messieurs, l'État n'éprouvera aucune charge nouvelle et le service de l'Instruction Publique sera fait sur un pied large, et offrant de fortes garanties aux familles et à la société.

Ce *Jury Central d'Examen*, tiré de l'Institut, ne sera plus le représentant ni le délégué d'une corporation envahissante et jalouse, mais, étant au contraire *indépendant de tout établissement* et de toute *caste*, il sera pour le pays *une puissante garantie de la liberté d'enseignement !* C'est à cause de cette indépendance même qu'il pourra accorder ou refuser AU NOM DE L'ÉTAT les diplômes à ceux qui aspirent à l'exercice des professions libérales. De cette manière, l'Institut exercera une influence salutaire en maintenant un niveau élevé dans l'instruction ; tous les diplômes auront exactement *la même valeur* dans toute la France ; il y aura réellement *unité* dans le fond et dans la forme des examens.

Les neuf membres composant le *Jury Central* se partageront chaque année en trois parties (de trois membres chacune), dont une parcourra le Nord, l'Est et l'Ouest, et l'autre le Centre et le Midi de la France : quant à la troisième, elle sera consacrée aux candidats de Paris et des environs. On fixera une fois pour toutes, comme pour les examinateurs des Écoles Nationales, les villes prises pour *centres d'examen* et où les candidats devront se trouver au passage des Examinateurs Généraux. Pour que le *Jury Central* offrît dans son sein toutes les nuances des connaissances représentées par tous les examens relatifs aux sciences et aux lettres, il nous a paru nécessaire de classer ainsi ses membres : trois choisis *par le sort* au sein de l'*Académie des Sciences* pour les Sciences Mathématiques, Physiques, Chimiques et Naturelles ; trois choisis au sein de l'*Académie Française* pour la Littérature, la Rhétorique et la Philosophie ; et trois choisis au sein de l'*Académie des Inscriptions et Belles-Lettres* pour les langues modernes et anciennes, la géographie et l'histoire générales.

Pour réunir toutes les garanties possibles que le pays est en droit de réclamer, il nous semblerait bien que le *Jury* fût renouvelé tous les ans *par tiers* en laissant chaque année *le sort* désigner trois nouveaux membres, un dans chacune des trois principales Académies précédemment désignées , ce qui amènerait pour le *Jury* un renouvellement complet tous les trois ans.

Messieurs, il y a une considération particulière qui nous paraît importante à mentionner ici , c'est que la création de ce *Jury Central d'Examen* offrirait successivement à tous les Membres de l'Institut un dédommagement au traitement plus que modeste qu'ils reçoivent après avoir atteint l'apogée de la science et du talent !...

L'intervention de l'Institut dans tous les examens de Facultés produira un effet des plus salutaires à cause de la supériorité même de ses membres qui possèdent une connaissance approfondie de tous les systèmes et de toutes les découvertes de l'esprit humain.

Aucun motif particulier ne les attachant à tel système plus qu'à tel autre , un précieux esprit de tolérance scientifique remplacera la marche *exclusive* et tyrannique des Professeurs de la Sorbonne ; un champ plus vaste sera livré à la pensée et de rapides progrès se feront sentir dans plusieurs branches étouffées jusqu'ici sous la main égoïste de l'Université !

Messieurs, nous croyons que l'adoption du système que nous proposons produira un bien immense : nous admettons volontiers la *centralisation* de cette manière, c'est-à-dire quant à l'*unité* qui doit exister dans la valeur intrinsèque des diplômes pour tous les points de la France, et quant à la *marche uniforme* qui doit être suivie dans les diverses épreuves destinées à mettre au jour la capacité des aspirants. Avec le *Jury Central*, avec son origine et ses moyens d'action, le pays n'aura plus à craindre de voir se renouveler ces admissions honteuses qui ont jeté dans nos rouages administratifs et politiques tant d'hommes sans éducation, sans talents et sans principes, tant d'esprits étroits et misérables qui, abusant souvent de l'influence que leur donne une position de contrebande, deviennent fort dangereux pour la société.

Après tout ce que nous avons dit sur les réformes à opérer dans l'Enseignement Secondaire, nous ne pensons pas qu'il soit nécessaire de démontrer ce qu'a d'injuste et de tyrannique le *Certificat d'Études* exigé par l'Université : conséquents avec les principes que nous avons posés et qui rentrent intégralement dans l'esprit de la Charte de 1830, nous voulons que les Élèves de toutes les Universités et de tous les Établissements, laïques et ecclésiastiques, puissent tous entrer au même titre dans les diverses carrières publiques, *n'importe où et comment ils auront fait leurs études*, pourvu que l'épreuve finale des examens ait été *satisfaisante*.

Quant à la nature de l'enseignement et aux *méthodes*, quant à la marche des études, chaque Université, chaque Établissement, selon les besoins de la localité et les vues des familles, devra être laissé dans

3.

toute la plénitude de sa liberté; les résultats seuls viendront déposer contre lui ou en sa faveur, et l'opinion publique jugera en dernier ressort comme en beaucoup d'autres cas : elle appliquera elle-même la peine ou la récompense en refusant ou en donnant sa considération.

Une bonne loi doit entendre ainsi la Liberté d'Enseignement; bien comprise et franchement appliquée, cette liberté peut parfaitement se réaliser, non-seulement sans danger pour la société, mais en produisant au contraire les fruits abondants dont elle porte le germe. La loi doit être faite en vertu de la Charte pour tous ceux qui voudront ou pourront remplir les conditions qu'elle prescrit, car le système des priviléges et des exceptions doit être passé à tout jamais !

Songez-y bien, Messieurs, la France de Juillet ne peut se contenter du nom seul de *Liberté d'Enseignement* jeté çà et là comme pour satisfaire un moment un désir que l'on voudrait peut-être étouffer en cherchant à abuser les esprits par de faux semblants et des allures mensongères, auxquels ils ne peuvent plus désormais se laisser prendre.

La France, Messieurs, veut plus que *des mots,* elle veut la réalisation sincère et définitive des promesses jurées il y a bientôt quatorze ans! En discutant la loi nouvelle, n'oubliez pas ces sages paroles d'un des membres distingués de la Chambre des Députés et de l'Université : « *Quand l'opinion publique réclame un changement, il y a pour le Gouvernement quelque chose*

le pire que de mépriser les vœux de l'opinion publique,
c'est d'y mal obéir et de dénaturer l'idée en l'exécu-
tant [1] *!* »

On nous blâmera sans doute d'avoir laissé une
grande lacune dans notre plan de réforme; on nous
dira que dans les circonstances où nous nous trou-
vons, il y a *imprudence*, *danger* même, à ne pas avoir
pris des mesures contre l'influence du Clergé et de
ses doctrines. Messieurs, nous allons répondre d'a-
vance à ceux qui, n'ayant pas lu avec soin notre Projet de Loi, croiraient avoir à se plaindre de notre
silence apparent sur ce point important.

L'art. 29 du projet est ainsi conçu : « La loi,
d'accord avec la justice, voulant la liberté d'Enseignement *égale pour tous*, il est bien entendu que
toutes ses dispositions sont *communes à tous les Établissements d'Instruction Secondaire*, *soit ecclésiastiques*, *soit laïques.* »

Cet article, Messieurs, résout complétement la
question. En effet : que consacre-t-il? une harmonie
réelle dans le jeu de nos institutions sociales par le
moyen d'une combinaison heureuse dans leurs divers éléments. Un gouvernement Constitutionnel peut-
il s'accommoder de la prédominance *exclusive* d'un
corps quelconque? Non, Messieurs. Eh bien, les
dispositions de notre projet laissent à chaque élé-
ment social sa place marquée, son rôle, sa valeur,

---

[1] Saint-Marc-Girardin.

son utilité. Lorsqu'un de ces éléments peut exagérer ses prétentions, exercer une puissance tyrannique et *sans contrôle*, lorsqu'il peut impunément se faire envahissant et exclusif, il y a toujours perturbation dans l'équilibre social, il y a désordre et surexcitation des passions chez les individus : n'en avons-nous pas eu tout récemment un déplorable exemple!... Nous n'avons pas voulu que l'État pût être compromis par des tentatives qui, selon les circonstances, pourraient changer les conditions d'équilibre de son existence, et nous avons cherché une barrière à ce danger réel dans la Charte même et dans le *Droit Commun*. Nous avons cru juste et convenable d'appeler le Clergé à jouir avec tous les autres de la liberté, non pas comme corps indépendant, non pas comme corporation religieuse, mais comme faisant partie d'une société où chaque individu doit être libre tout en se soumettant consciencieusement aux exigences des lois. Oui, Messieurs, la part du Clergé dans l'enseignement doit être *celle de tout le monde :* Qu'il rentre dans la loi commune, qu'il participe à l'enseignement en vertu de la liberté, mais qu'il accepte aussi, sans aucune restriction, la surveillance de l'État, qu'il se soumette aux diverses épreuves qui doivent lui garantir des droits donnés et protégés par l'État. Qu'il prouve par sa science, son habileté et l'éclat de ses résultats, qu'il est plus apte que tout autre à la pratique de l'enseignement, et son triomphe ne pourra manquer d'être assuré dans le pays.

Nous avons considéré le Prêtre comme membre de la société, et à ce titre, ayant le droit de faire tout ce qui est permis aux autres individus, en tant que cela ne peut porter atteinte à son caractère particulier : nous avons agi, à cet égard, conformément à ce que disait en 1836 le Rapporteur du projet de loi de M. Guizot : « Le monopole de l'enseignement accordé aux prêtres serait, de notre temps, un funeste anachronisme ; l'exclusion ne serait pas moins funeste. La loi n'est faite ni pour les prêtres, ni contre les prêtres ; elle est faite, en vertu de la Charte, pour tous ceux qui voudront remplir les conditions qu'elle établit. Personne n'est dispensé de remplir ces conditions, et personne ne peut, s'il a rempli ces conditions, être exclu de cette profession. Dans le prêtre, nous ne voyons que le citoyen, et nous lui accordons les droits que la loi donne aux citoyens. Rien de plus, mais rien de moins. » Ces réflexions sont d'autant plus sages que la position du Prêtre est éminemment exceptionnelle sous une foule d'autres rapports. Il est évident que le monopole doit être détruit au profit de la liberté, et non en faveur d'un autre corps privilégié, sans cela toute réforme serait inutile. Messieurs, tout en reconnaissant à tout homme le droit, comme citoyen, de prendre part à l'Enseignement Secondaire, après une complète satisfaction aux exigences de la loi, nous avons pensé qu'il était prudent de prévenir toute *réaction systématique* contre notre constitution et contre les principes fondés par deux révolutions, en respectant l'exclusion inscrite dans nos lois contre certaines *associations* particulières reconnues pour dangereuses et ennemies de la Société. Une loi sage doit préserver le pays des jours de crise et de malheurs !

Par un examen attentif de ce qui se passe depuis plus de trente ans, il est aisé de voir que l'abolition du monopole n'aura point pour effet, comme on le dit, d'accroître considérablement l'influence des écoles ecclésiastiques; car enfin, jusqu'ici l'Université, inconséquente à ses habitudes despotiques, leur a laissé une large part dans l'enseignement avec des privilèges que le système nouveau de liberté anéantira immédiatement. Et puis d'ailleurs, nous ne voyons pas que l'Éducation Religieuse donnée à une grande partie de la jeunesse dans les Établissements du Clergé ait produit des résultats aussi alarmants qu'on l'a dit et répété dans ces derniers temps. Ne nous laissons donc pas aller, Messieurs, à de vaines terreurs capables de nous amener à prononcer une injuste et blessante exclusion, sous les prétextes de *nécessité sociale*, de *précautions salutaires*, etc., que font retentir sans cesse des hommes intéressés sans doute à entretenir une guerre sourde qui doit s'éteindre avec une loi sage, prudente et *franchement libérale*.

Il y a deux manières de considérer les Établissements Ecclésiastiques, ou comme *écoles spéciales* pour le recrutement du Clergé, destinées à subvenir à tous les besoins du Sacerdoce; et dans ce cas restant sous l'autorité absolue des Évêques ; ou bien comme *Pen-sionnais,* préparant à la fois des jeunes gens pour le service des autels et pour toutes les carrières publi-ques : dans ce dernier cas (qui est le cas général), ces établissements doivent être soumis, sans aucune exception ni privilège, aux conditions de grades, de diplômes et d'inspection, car l'Etat doit exiger d'eux les mêmes garanties que des autres établissements d'Instruction Secondaire.

On le voit donc, la question des *Petits Séminaires* ou *Écoles Secondaires Ecclésiastiques*, se trouve com-plètement résolue dans notre Projet de Loi ; et nous pensons que la solution est en rapport avec la *Liberté des Cultes* et *de Conscience*, dont l'existence ne se comprend pas en l'absence de la *Liberté d'Enseigne-ment* qui découle aussi naturellement de la *Liberté de la Presse*. Toutes ces libertés se servent de garantie l'une à l'autre : parce qu'elles ont toutes la même ori-gine et qu'elles reposent sur les mêmes principes, le droit des individus. On ne peut décréter l'ensei-gnement exclusif d'aucun corps, pas même de l'État : non, Messieurs, après la Révolution de Juillet, cela est devenu impossible. Nous laisserons un des hommes éminents du jour [1] vous en donner la raison : « Si vous décrétez *l'enseignement exclusif* de l'État, il vous faudra décréter une *presse exclusive* de l'État, une *religion exclusive* de l'État ; alors vous aurez

---

[1] M. Ledru-Rollin, Député.

décrété l'immobilité, la tyrannie, les persécutions :
et comme il faudra bien, après tout, que la mi-
norité se manifeste de quelque façon, ne pouvant
plus écrire, elle conspirera, et le progrès ne pouvant plus s'accomplir par l'enseignement, s'accom-
plira par des révolutions !... »

Messieurs, nous croyons l'esprit de notre Projet de
loi conforme à la nature de notre Constitution et de
notre Gouvernement, parce qu'il répond en tous
points aux besoins et aux vœux de notre époque ; c'est
pourquoi il faut se hâter de l'appliquer pour que,
prenant promptement racine dans nos institutions
et dans nos mœurs, il produise d'heureux fruits. Nous
avons la ferme conviction que par l'application de
notre plan l'Instruction Secondaire sera profondément améliorée en peu d'années. Il y aura avantage
pour tout le monde, comme cela arrive toujours,
dans la réalisation d'une sage liberté. L'année 1844
sera une *ère* de régénération pour l'Education publique. Tous les Établissements d'Instruction Secondaire deviendront rivaux, indépendants, d'humbles
vassaux qu'ils étaient, et au lieu de cette lutte sourde
qui existe aujourd'hui entre la tyrannique Université
et ses *esclaves*, lutte qui divise profondément sa pré-
tendue *unité*, il y aura une noble rivalité qui n'ex-
cluera point l'estime et n'excitera pas la haine parce
qu'elle se fera à *armes égales,* sinon avec une entière
franchise. Dans tous les cas, cette lutte ne pourra
que tourner au bénéfice de la société.

Mais, Messieurs, il ne suffit pas de faire une loi, de la promulguer, pour qu'immédiatement le règne de la perfection soit établi : il faut du temps pour que les esprits *s'acclimatent* à un nouvel ordre de choses, pour que des principes opposés à l'ancienne routine s'enracinent dans le terrain social et s'y développent. Nous ne devons pas penser que le régime de monopole et de privilége sera remplacé par un régime de concurrence et de liberté sans que nous ressentions quelque secousse morale. Quelques uns pousseront des plaintes, des gémissements, des regrets et des réclamations plus ou moins intéressés; ceux qui exploitent l'ordre de choses actuel verront avec une envieuse frayeur naître des rivaux; il y aura nécessairement des intérêts froissés, des positions compromises : les passions seront en émoi, et la calomnie ne restera pas inactive au milieu de cette agitation ; en un mot, il y aura crise dans l'Enseignement. Mais avec une loi large et généreuse, appliquée avec impartialité, la crise sera de courte durée, et l'équilibre sera promptement et solidement établi. A l'agonie d'une Institution décrépite succèdera un retour de santé et de force pour la France, étouffée depuis plus de trente ans dans une atmosphère de plomb que l'Université fait peser sur elle. Peu de temps après la promulgation d'une bonne loi, nous osons l'affirmer, l'Instruction publique sera entièrement renouvelée. C'est aux Chambres, c'est à vous, Messieurs les Pairs et Messieurs les Députés, qu'il appartient désormais de régler et de diriger ce grand mouvement dans la voie du véritable progrès. Vous saurez remplir la plus grande mission qui ait jamais été confiée à des assemblées politiques; la France compte sur la noblesse de vos sentiments et l'élévation de vos vues, pour recevoir enfin de vos mains la loi qui doit fonder définitivement une de ses libertés les plus chères : celle qui est destinée à réaliser la promesse de la Charte, et à décider de l'avenir de la patrie!...

CHAPITRE II.

PROJET DE LOI.

— ❖ —

TITRE PREMIER.

Organisation de l'Enseignement Secondaire.

ARTICLE PREMIER. L'Enseignement Secondaire comprend l'Instruction Morale et Religieuse, l'étude des langues modernes et anciennes, de l'Histoire, de la Géographie, des sciences Mathématiques, des sciences Physiques, de l'Histoire Naturelle et de la Philosophie, en un mot les études qui servent de préparation d'une part, aux divers examens publics, tant pour les lettres que pour les sciences et pour l'admission aux diverses écoles du Gouvernement, et de l'autre, aux diverses professions sociales qui n'exigent point de titres spéciaux.

ART. II. L'Enseignement est libre en se conformant aux garanties exigées par la loi ; toute mesure préventive est interdite ; la répression des délits n'est réglée que par la loi.

ART. III. Tout monopole et tout privilège étant aboli, la *Rétribution Universitaire* est aussi abolie par le fait.

ART. IV. Il ne peut plus y avoir aucun *Corps Enseignant*, aucune *corporation privilégiée* en France, sous quelque titre et de quelque nature que ce soit, ayant l'exploitation exclusive de l'Instruction Secondaire. Aucun régime discrétionnaire, à cet égard, ne pourra désormais être remis en vigueur. L'Université actuelle sera remplacée par des Universités libres et indépendantes les unes des autres. Toute association de citoyens et tout individu, en se conformant aux dispositions de la présente loi, pourra fonder ces Universités aussi bien que des établissements quelconques d'Instruction Secondaire.

ART. v. Chacune de ces Universités s'administrera comme elle l'entendra.

ART. vi. Le *Concours Général* est aboli.

ART. vii. Le *Conseil Royal* de l'Instruction Publique est dissous : il ne pourra, non plus que le Monopole, être rétabli.

ART. viii. Il n'y aura plus de Ministre de l'Instruction Publique, mais bien un DIRECTEUR GÉNÉRAL DE L'INSTRUCTION PUBLIQUE ne devant plus faire partie d'aucun cabinet, et dont les attributions ressortiront du Ministère de l'Intérieur.

ART. ix. Le Directeur Général pourra avoir auprès de lui un CONSEIL PRIVÉ, purement *consultatif,* composé d'hommes bien connus pour avoir rendu de grands services à l'Instruction Publique, et se recrutant comme à l'Institut par voie d'élection.

Ce conseil ne pourra qu'aider le Chef dans les cas où certaines connaissances de détail viendraient à lui manquer.

ART. x. Il y aura des INSPECTEURS GÉNÉRAUX DE L'INSTRUCTION PUBLIQUE, nommés par le Directeur Général et chargés de surveiller, au nom de l'État, la discipline et la tenue des diverses Universités du Royaume, ainsi que de tous les autres établissements particuliers d'Instruction Secondaire. A leur retour dans la Capitale, ces Inspecteurs Généraux seront tenus de publier leurs rapports dans un court délai. Ils seront au nombre de *six* et auront un traitement annuel de 6,000 fr. avec supplément pour les frais de route.

ART. xi. Il y aura encore un *Budget de l'Instruction Publique* pour les récompenses nationales relatives aux découvertes scientifiques, aux services éminents; pour les frais du haut enseignement scientifique, artistique et littéraire, ainsi que pour ceux de l'Institut et des traitements des fonctionnaires de l'État pour l'Instruction publique.

TITRE II.

Des Établissements d'Instruction Secondaire.

ART. XII. L'État, conséquent avec la position de *neutralité* qu'il s'est faite dans la constitution, au point de vue religieux, conserve cette neutralité dans son action sur l'éducation de la jeunesse et n'enseigne pas par lui-même. Toutefois il se réserve le droit d'une active surveillance afin d'empêcher que l'exercice de la liberté d'enseignement ne puisse jamais dégénérer en licence et afin de conserver la pureté de l'esprit national.

ART. XIII. L'État conserve son action dans l'Enseignement Supérieur des Facultés et des Écoles Nationales, enseignement qui s'adresse en général à des hommes faits et non à l'enfance. Les modifications nécessaires à la répartition de cet enseignement seront réglées spécialement.

ART. XIV. L'Enseignement Secondaire sera répandu par les Universités et par les Établissements particuliers groupés autour d'elles comme des satellites recevant, selon leur gré, la lumière de ces centres ou foyers d'instruction, ou bien leur faisant librement concurrence.

La marche des *Études Classiques*, au gré des familles, pourra être conservée *provisoirement :* toutefois, *trois ans* au plus tard après la promulgation de la présente loi, les Colléges Royaux cesseront d'exister comme *Établissements de l'État* administrés au profit de l'Université, et pourront être transformés en *Universités* libres ou autres établissements d'Instruction Secondaire dirigés par des associations de citoyens ou par des particuliers quelconques, en se conformant d'ailleurs à toutes les dispositions de la loi. Mais, à dater de la promulgation de la loi nouvelle, tout droit ou impôt Universitaire cessera d'être perçu dans ces Établissements.

Le système *des Bourses* est supprimé. Les Universités seront libres d'en accorder quand elles le voudront , mais le *Trésor public* ne servira plus à les répandre comme par le passé.

Quant à l'*École Normale*, elle ne peut non plus être conservée : toutefois pendant *trois ans*, après la promulgation de la présente loi, elle pourra, ainsi que les autres Établissements de l'Université, continuer son enseignement pour les élèves faisant actuellement partie de cette École, mais elle ne recevra plus de nouveaux élèves à partir de la présente année 1844.

Pour tous les élèves de cette École, l'*engagement de dix ans* au service de l'Université est annulé dès ce moment : toutefois ces élèves resteront *exempts du service militaire*, et jouiront, par leur seul titre d'Élèves de l'École Normale, du droit de fonder un établissement quelconque d'Instruction Secondaire partout où bon leur semblera.

ART. XV. Les Établissements d'Instruction Secondaire pourront prendre tel nom qui leur semblera convenable et donner l'instruction à tel degré qu'il pourra convenir aux familles.

ART. XVI. Aucune gêne, aucune restriction ne devra être apportée à la marche des études, quant aux méthodes d'enseignement, les résultats étant appelés dans chaque école à déposer contre elle ou en sa faveur.

ART. XVII. Tout Français, laïque ou ecclésiastique, âgé de *trente ans* au moins, et n'ayant encouru aucune des incapacités comprises dans l'art. 5 de la loi du 28 juin 1833 sur l'Instruction Primaire, pourra former un Établissement quelconque d'Instruction Secondaire pour tout ou partie de cet enseignement, en se conformant aux dispositions suivantes.

1. L'Aspirant au titre d'INSTITUTEUR SECONDAIRE OU CHEF D'INSTITUTION devra posséder les deux diplômes de Bachelier-ès-lettres et de Bachelier-ès-sciences, les examens étant modifiés comme il est dit ci-après, titre III, Art. 42 et suivants.

La possession de ces deux diplômes devra dispenser de tout nouvel examen.

Tout ancien Élève de l'École Polytechnique, déclaré admissible ans les services publics sera dispensé de produire ces diplômes.

2. Il devra être muni d'un *Certificat* délivré par le Chef d'un établissement connu, déclarant que le candidat a été employé *pendant trois ans au moins* dans ce même établissement et qu'il s'est acquitté avec conscience, zèle, capacité et *une parfaite moralité*, des fonctions d'enseignement et de surveillance qui lui ont été confiées.

Ledit Certificat devra être visé et approuvé par le Maire de la commune ou de chacune des communes où le candidat aura résidé.

Cette espèce de *noviciat pédagogique* sera également obligatoire pour tous les candidats à partir de l'année 1847.

3. Le candidat devra remettre aux mains du Préfet les statuts et règlements imprimés, ainsi que le programme d'études avec le plan du local de l'établissement projeté.

4. Il devra également déclarer *par écrit* qu'il n'appartient à aucune corporation ou association *non autorisée par les lois du pays.*

5. Toutes ces pièces devront être remises entre les mains du Préfet du département qui les fera passer au Directeur Général de l'Instruction Publique, après en avoir donné lui-même récépissé.

ART. XVIII. Deux mois au plus après le dépôt des pièces requises, la remise devra en être faite au déclarant avec mention, sur les pièces mêmes, qu'elles ont été reçues et enregistrées, ladite mention signée du Directeur Général.

Après cette remise l'établissement pourra être immédiatement ouvert, à moins qu'il ne soit intervenu dans ce délai une opposition ou refus de la part du Directeur Général sur le rapport du Préfet. Ce refus ne pourra d'ailleurs porter que sur le défaut de convenance dans les principes moraux ou de salubrité du local. Dans ce cas le candidat pourra user de son droit en formant un recours devant le Tribunal civil de l'arrondissement, statuant en Chambre de conseil, et s'il intervient décision favorable, elle tiendra lieu d'approbation de la part du Directeur Général de l'Instruction Publique.

Art. xix. Le candidat au titre de Chef d'Institution ou d'Instituteur Secondaire, une fois en mesure d'ouvrir un établissement devra préalablement prêter serment de fidélité à la Charte et au Chef de l'État, entre les mains du Préfet ou du Sous-Préfet du département.

Art. xx. Tout chef d'Établissement Secondaire sera tenu de payer à l'État un *droit annuel* de 100 fr. qui sera porté au rôle des Contributions Directes.

Art. xxi. Tout Français, laïque ou ecclésiastique qui aura complètement satisfait à toutes les conditions ci-dessus énumérées, pourra fonder un établissement d'Instruction Secondaire entièrement libre et indépendant de tout autre établissement et de toute corporation quelconque.

Art. xxii. Toute distinction entre les Chefs d'Institution et les Maîtres de Pension est annullée ; les Chefs d'établissement d'Instruction publique porteront le titre uniforme d'*Instituteurs Secondaires* ou de *Chefs d'Institution*.

art. xxiii. Les droits acquis à l'Instituteur Secondaire par l'accomplissement des conditions exigées par la loi, ne pourront se perdre que par l'infraction de ces mêmes conditions, ce qui devra être constaté par un jugement du Tribunal compétent, comme tout autre abus de liberté civile.

Art. xxiv. Quiconque, sans avoir satisfait aux conditions prescrites par les articles 17, 18, 19 et 20 de la présente loi, aurait ouvert un établissement d'Instruction Secondaire, sera poursuivi devant le Tribunal correctionnel du lieu du délit, et condamné à une amende de 500 à 2000 fr. L'établissement sera fermé.

En cas de récidive, le délinquant sera condamné à un emprisonnement de 15 à 30 jours et à une amende de 2000 à 5000 fr.

Art. xxv. Tout Instituteur secondaire, toute personne attachée à l'enseignement et à la surveillance d'un établissement secondaire quelconque pourra, sur la plainte du Maire, du Préfet ou des Inspecteurs Généraux être traduit, pour cause d'inconduite ou d'immoralité, devant le Tribunal civil de l'arrondissement et être interdit de sa profession à temps ou à toujours, sans préjudice des poursuites qui pourraient être intentées pour crimes, délits ou contraventions prévues par les lois.

ART. XXVI. Le Directeur Général de l'Instruction publique pourra, toutes les fois qu'il le jugera convenable, faire visiter et inspecter les divers établissements d'Instruction Secondaire.

ART. XXVII. Tout Chef d'établissement, ecclésiastique ou laïque, qui refuserait de se soumettre à l'inspection faite, au nom de l'État et autorisée par les articles 10 et 26 de la présente loi, pourra, sur procès-verbal dressé par l'Inspecteur-Général, être traduit devant le Tribunal correctionnel de l'arrondissement et être condamné à une amende de 100 fr. à 1000 fr.

En cas de récidive, l'amende sera de 500 fr. à 3000 fr. et l'établissement pourra être fermé [1].

ART. XXVIII. Seront considérés comme ayant satisfait à toutes les conditions de la présente loi, tous les Chefs d'établissements d'Instruction Secondaire qui à l'époque de sa promulgation se trouveront en exercice en vertu des diplômes et des titres conférés par le Ministre de l'Instruction Publique, *Grand-Maître* de l'ancienne Université de France.

Les droits résultant pour eux des diplômes précités ne pourront leur être retirés que dans les cas prévus et selon les formes prescrites par les articles 23, 24 et 25 de la présente loi. Le droit annuel qu'ils payent maintenant sera immédiatement réglé suivant les dispositions de l'art. 20.

ART. XXIX. La loi, d'accord avec la justice, voulant la liberté d'enseignement *égale pour tous,* il est bien entendu que toutes ses dispositions sont communes à tous les établissements d'Instruction secondaire, soit ecclésiastiques, soit laïques.

---

[1] Projet de loi de M. Villemain (20 Mars 1841).

TITRE III.

Des Examens, des Grades et des Diplômes conférés par l'État.

Art. xxx. A partir du 1ᵉʳ Janvier 1845, seront supprimées toutes les *Commissions d'examens* pour le Baccalauréat, ainsi que pour les autres grades dans les sciences et dans les lettres.

Art. xxxi. Les grades de Bachelier, de Licencié et de Docteur-ès-lettres ou ès-sciences, seront dorénavant décernés par un *Jury Central d'Examen* organisé et réglé par les dispositions énoncées ci-après et exerçant au nom de l'Etat.

Art. xxxii. Les examens pour les sciences et les lettres seront, comme ceux pour l'admission aux Ecoles du Gouvernement, confiés à des examinateurs spéciaux formant un jury composé de quinze MEMBRES DE L'INSTITUT, dont *neuf* Titulaires et *six* Suppléants, et chargés de parcourir *une fois par an* les principales villes du royaume, pour examiner dans les différentes Universités, les candidats aux grades de Bachelier ès-lettres ou ès-sciences, ainsi qu'à ceux de la Licence et du Doctorat.

Art. xxxiii. Les membres titulaires de ce Jury d'Examen auront un traitement fixe de 6,000 fr. et sans aucun bénéfice quelconque dans le plus ou moins grand nombre d'élèves examinés ou admis.

Les Membres Suppléants auront un traitement de 3,000 fr. seulement. Les frais de route seront toujours comptés à part.

Art. xxxiv. Les neuf membres composant le Jury se partageront chaque année à l'époque fixée pour la tournée générale des examens, en trois séries de trois membres chacune : l'une parcourant les Universités du Nord, de l'Est et de l'Ouest ; l'autre celles du Centre, et du Midi de la France.

La troisième série sera exclusivement consacrée aux examens des Candidats du ressort de la Cour Royale de Paris.

Les villes et lieux de passage servant de *centres d'examen* seront fixés une fois pour toutes (comme pour les tournées des examinateurs de l'École Polytechnique), ainsi que les matières des examens et la marche que les Membres du Jury devront suivre dans leurs questions et dans leurs décisions.

Art. xxxv. Afin que le Jury d'examen renferme dans ses éléments constitutifs les différentes nuances des connaissances humaines enseignées dans les différentes Universités et Facultés du royaume, les neuf membres qui le composent seront classés comme il suit :

1° *Trois Membres*, choisis au sein de l'Académie des Sciences, pour les Sciences Mathématiques, Physiques et Chimiques.

2° *Trois Membres*, choisis au sein de l'Académie Française, pour la Littérature, la Rhétorique et la Philosophie.

3° *Trois Membres*, choisis au sein de l'Académie des Inscriptions et Belles-Lettres, pour les Langues Modernes et Anciennes ainsi que pour la Géographie et l'Histoire.

Art. xxxvi. Le sort désignera toujours les divers membres du Jury d'examen dans les diverses Classes de l'Institut.

Art. xxxvii. Le Jury d'examen sera renouvelé tous les ans par tiers et trois nouveaux membres (un dans chacune des trois Classes ci-dessus mentionnées) seront désignés pour en faire partie *un mois avant le retour de la session d'examen.*

Art. xxxviii. A leur retour à Paris, les Membres du Jury Central remettront leurs notes au Directeur-Général de l'Instruction Publique, afin qu'il expédie au nom de l'État et du Roi, les diplômes aux candidats qui en ont été jugés dignes. Les noms des Bacheliers, Licenciés et Docteurs seront, comme ceux des candidats admis aux Écoles du Gouvernement, publiés chaque année dans les journaux avec désignation des Universités et établissements particuliers auxquels ils appartiennent.

Art. xxxix. Les grades en Théologie seront conférés par les diverses Facultés de Théologie du Royaume sur des examens subis par devant MM. les Évêques et Archevêques.

Art. xl. Les *Droits d'Examen* sont abolis.

Art. XLI. Les *Droits de Diplôme* sont maintenus, mais ils seront fixés dorénavant ainsi qu'il suit :

Pour le Baccalauréat ès-Lettres ou ès-Sciences à 30 f. au lieu de 36.

Pour la Licence, à 40

Pour le Doctorat, à 50

Tous les diplômes devant produire le même effet, les examens du Baccalauréat ès-Lettres seront réglés ainsi qu'il suit :

Du Baccalauréat ès-Lettres.

Pour être admis à subir l'Examen du Baccalauréat ès-Lettres, il faut être âgé de seize ans au moins. Aucun candidat n'aura plus à produire de *certificats d'études* ni à faire connaître dans quel établissement, par quel professeur et de quelle manière il a été élevé. Les matières de l'Examen (qui devra toujours être public) sont celles qui constituent un *Enseignement Secondaire complet et rationnel*[1] et sont réparties entre trois épreuves différentes, deux *écrites* et une *orale*.

Première épreuve. — Elle aura pour objet la traduction *par écrit* d'un passage quelconque choisi dans un auteur latin et dans un auteur grec (en prose ou en vers), parmi ceux que l'on explique ordinairement dans les classes. Le texte sera transcrit soigneusement *sur un tableau noir* placé dans la salle d'Examen en vue de tous les candidats, afin d'éviter à ces derniers la perte de temps qu'entraîne toujours une dictée et les *contre-sens* que leur font faire les mots grecs et latins écrits sans orthographe et souvent d'une manière illisible.

On accordera *deux heures* pour faire la traduction par écrit de ces deux versions qui devront, en général, être fort courtes.

On ne sera jamais *exclu des autres épreuves de l'examen pour avoir manqué la première*; le résultat devant être déterminé par *une moyenne* prise sur toutes les notes obtenues par les candidats,

[1] Voir le Tableau Synoptique à la fin de notre ouvrage déjà cité ailleurs.

dans les différentes épreuves qu'ils doivent subir, ainsi que cela a lieu pour les examens de l'École Polytechnique. Un candidat qui commet une erreur dans sa traduction latine ou grecque ne doit pas être privé des ressources que peuvent lui procurer d'autres questions, où il peut, par ses réponses faire preuve d'une instruction, qu'il y aurait injustice, et danger peut-être, à déclarer nulle d'avance, parce qu'il n'aurait pas bien saisi le vrai sens *d'une phrase grecque ou latine !*

Pendant tout le temps que durera la *Composition écrite sur les langues mortes* les candidats resteront sous la surveillance la plus active de l'Examinateur chargé de cet office. Ils ne pourront avoir aucune communication au dehors ni entre eux, sous peine d'exclusion, et il ne sera laissé à leur disposition d'autres livres que les dictionnaires nécessaires. Chaque candidat remettra sa composition signée par lui à l'Examinateur.

SECONDE ÉPREUVE. — Elle aura pour objet une *Composition écrite sur les langues vivantes*, ainsi organisée. Les candidats traiteront *par écrit* en Français, un sujet donné de *littérature*, de *Rhétorique* ou de *Philosophie*. Cette dissertation servira à apprécier leurs connaissances dans ces divers objets ainsi qu'à montrer la nature de leur *style* et de leur *orthographe* dans la langue nationale. Ils devront aussi traduire par écrit, après l'avoir *lu à haute voix*, un morceau d'Anglais, d'Allemand, d'Espagnol ou d'Italien (au choix du candidat) afin de s'assurer qu'il connaît aussi *une langue moderne au moins*, en dehors de sa langue maternelle et des langues mortes.

Les mêmes dispositions que pour la Composition de la première épreuve écrite seront prises, bien entendu, pour la seconde, qui sera également d'une durée de *deux heures*.

TROISIÈME ÉPREUVE. — Elle consistera dans un *examen oral* qui ne pourra durer moins d'*une heure* et où les candidats seront interrogés sur l'Histoire et la Géographie anciennes et modernes, sur l'Histoire Naturelle ainsi que sur les éléments des sciences Mathématiques et Physiques.

Cet examen oral se fera *debout* et *devant un tableau* afin que le candidat puisse au besoin démontrer avec des calculs ou des figures les principes élémentaires des sciences sur lesquelles il sera interrogé.

Il ne sera plus tiré de *numéros* correspondants à certaines questions que les candidats apprennent *par cœur* dans des *Manuels;* toutes les questions seront adressées librement au choix des Membres du Jury central. Les réponses des candidats devront prouver une *étude sérieuse* des matières exigées pour l'examen.

On n'examinera qu'un seul candidat à la fois, excepté dans les *Compositions écrites* où tous les aspirants de la même session seront réunis, en plusieurs sections s'il y a lieu, surveillées chacune par un des Examinateurs faisant partie du JURY CENTRAL D'EXAMEN.

Il y aura une session annuelle pour toutes les principales villes du Royaume : elle aura lieu à la fin de l'année classique (du 1ᵉʳ août au 15 octobre).

A Paris, le nombre des sessions pourra varier et être porté jusqu'à *deux par an* (dans la première quinzaine de chaque semestre).

Les examens devront toujours se faire publiquement dans une salle de l'Hôtel de Ville ou en tout autre lieu qu'il plaira au Jury central d'examen de choisir.

Tout candidat qui désirera subir l'examen de Bachelier ès-lettres ainsi que tout autre examen sur les Lettres et les Sciences, devra s'inscrire *un mois avant l'arrivée des Membres du Jury* dans un registre à ce consacré et ouvert à l'Hôtel-de-Ville du lieu. Il devra seulement donner ses nom et prénoms avec son extrait de naissance.

Tout autre réglement concernant les Examens du Baccalauréat ès-lettres est et demeure annullé.

Des dispositions particulières et spéciales régleront ultérieurement les matières et la forme des autres examens relatifs aux Lettres et aux Sciences.

www.ingramcontent.com/pod-product-compliance
Ingram Content Group UK Ltd.
Pitfield, Milton Keynes, MK11 3LW, UK
UKHW020023080726
13614UKWH00004B/1511